아침달 시집

투명이 우리를 가려준다는 믿음

김영미

시인의 말

이름이

진짜로 한 말이

되고 싶다

2023년 여름

김영미

차례

1부
여름특강이 아직 끝나지 않은 사이

야외 풀장	14
이어	15
석고상	18
현대음률	20
열대성 리듬	22
간유리	24
제비	26
개구리와 나	28
방갈로	30
여름 땅속	32
사이클	34
해수욕	38
청량	40

2부
명선에 대하여

대치	44
녹양 아래	46
명선에 대하여	48
밤마다 커다란 소리를 내며	
빛나는 별들로	50
저녁의 마술쇼	52
보타닉 가든	54
교문	56
은화	57
어린아이의 신경증 같은	58
오늘의 말	59
이격	60
로얄 롤러장	62

명과 선	64
밤의 망원유수지	66

3부
걷어 올린 소매가 혼자 내려오도록

겨울의 내부	70
생애의 생일	73
리코더	74
방금의 약국	76
이토록 검은 덩어리를 걸치면	78
모른다는 바다	80
하루	82
환은	84
잡아주는 마음	86

교체	88
심벌즈	90
산책로	92
언제부터 내리는 눈일까요	94

4부
서로를 세워두고 우리가 흩어질 때

시선	100
선형의 숲	102
이터널	103
유리관	104
이중 리듬	106
투과성	108
밤은 계속	110

시작하지 않은 감정	112
별장 없는 생활	114
밤이 없는 낮과 낮이 없는 밤	116
경작	118
여름비처럼 겨울비가	119

부록

이어를 이어 쓰며 - 임승유   126

1부
여름특강이 아직 끝나지 않은 사이

야외 풀장

유리잔을 튕기면 손끝에 투명 매니큐어가 칠해진다
펼쳐진 손가락 끝마다 입김을 불어 넣으며

처음을 말린다
빛이 났던가

잔을 부딪치며
치아가 다 드러났던가

타일 바닥에 버려진 일회용 렌즈가 말라간다
감은 눈이

떠지길 기다리며

투명이 우리를 가려준다는 믿음
안에서

이어

먹고 남은 과일 씨를 묻어둔다
단단한 껍질을 쪼개며 연한 잎이 고개를 들이민다

연한 것들이 연한 채로 돌진하던 연하지 않은 세계의 끝
너는 앉아

스웨터를 뜨고 귀마개를 뜨고 물수제비를 뜨고
다시 풀어 실뭉치를 만들고 달려가던 돌멩이는 검은 물에 가라앉고

너는 앉아

겨울을 견딘 밀싹과 북극의 얼음물
증류주를 마시던 밤들이었다

묻어줘
아무것도 묻지 말고

가장 무서운 심장이 되어
가장 작은 입김에도 흔들리는

돌이 되도록

너는 앉아

밤이 와도 불을 켜지 않는다 밤이 충분히 들어올 수 있도록 밤에게 밥을 차려주고 밤이 깊어지는 것을 바라본다 밥을 먹을수록 밤은 따뜻해지고 고요해진다 밤 속에서, 흐르는 물속에서, 함께 흘러가지 않는 물풀처럼, 미끄러운 몸으로, 너는 앉아

연하고 연한 것들의 팽창을
단단히 채워지는 근육을

이어를
이어 쓰며

손금이 연해지도록
혀를 묻고

너는 앉아

석고상

미술 선생님은 나를 불러냈다, 두상이 좋아

등받이 없는 의자에 앉아 나는 미술 시간 내내 창밖을 바라보았다
나를 제외한 서른여덟 명의 아이들이 여러 각도에서

나를 만들어내고 있었다

나의 옆은 돌출된 입으로 입체적이었다
나의 앞은 운동장 스탠드와 누워 있는 훌라후프

아이들은 나를 오래 바라보고
흐트러지는 자세를 바로잡으며 나는

창밖을 만들어냈다

목을 쓸어 올리는 다정함과 머리카락을 쓸어내리는 섬세함

아래로부터 내가 만들어지는

순간과 사이

수업을 마치는 종이 울리자
훌라후프가 돌아가기 시작했다

아이들이 빠져나간 미술실엔 서른여덟 명의 내가
나를 바라보고 있었다

무엇이 되려고
무엇이든 되려고 점점

굳어가고 있었다

현대음률

현대음률에 간다 현대음률에선 옛날 노래를 틀어준다

현대음률은 오래된 시장 옆에 있다 시장에는 맛있는 떡을 파는 집이 있다 우리는 절편과 송편을 먹는다 그리고 맥주를 마시러 간다

현대음률에서 만나

신청곡을 받지 않는 현대음률 속에서 우리 중 누군가 신청한 것만 같은 노래를 듣는다 누구나 신청할 것만 같은 옛날 노래들이 현대음률 속에서

LP판이 돌아간다
저녁 여섯 시부터 새벽까지

밤은 끝나지 않을 것처럼, 그러나

그러니까 현대음률에서 만나요 야채스틱과 올리브, 리

듬을 잃어버린 절편

  살아갈 옛날이
  탕탕 가슴을 치고

  돌아가 빈 요일이 검은 멀리로
  현대음률 속에서 그러니까 새벽부터

열대성 리듬

신발 끌지 말랬지

대리석 바닥을 찰지게 때리는 소리
발목 양말이 동그랗게 말려 내려가는

오목한 시간을

우리는 달린다
복도의 끝에 선지자의 초상화가 걸려 있다
풍성한 초록의 치맛자락

꺾인 게 신발뿐인 줄 알지
무릎을 꺾으며 손을 내민다

잔머리 달라붙은 이마를 닦아준다
아주 뜨겁구나

숨을 참으며 우리는

반환점을 돈다

십 분 동안 우리는 저 끝까지 몇 번을 다녀갈 수 있을까

십 분이라니
가뿐하게도 십 분이라니

수업 종이 울리면 치마의 후크를 풀고
남은 숨을 몰아서 쉰다

흔들리는 커튼 자락
선지자의 발가락이 보일락 말락

우리는 빠르게 다음을 약속한다 먼저
알아야 할 것이 많다

미래라는 강박을

간유리

내가 잠든 사이다
나는 먼 곳을 다녀왔다

아침에 떠난 친구가 정오에 지방 소도시에 도착했다는 메시지를 보낸다 내가 내내 창을 닦는 사이 그사이 어떤 사람은 다른 나라에 당도한다

내가 잠든 사이
나는 예전의 오늘
신발도 신지 않고 나의 중간을 다녀왔다

연락 없던 몇 개월 사이 당신은 다른 세계로 갔다 연락해도 닿을 수 없는 곳으로 시간은 너무 여러 가지로 흩어져 어느 시간에 기대야 지금일 수 있나 닦을수록 두꺼워지는 창, 빛은 보이지만 너머는 보이지 않았다

내가 먼 곳을 다녀온 사이
나는 잠들었구나

옅은 숨을 내쉬며 맑은 냄새를 내며

다음에는 꼭 함께 가자고 젖은 머리칼을 쓸어 올려주면 꿈속에서 지방 소도시가 지나가고 섬나라의 해변이 찰랑이고 가본 적 없는 당신의 세계가 닥친다 내가 잠깐 방향을 바꾸며 돌아눕는 사이 바람이 바닷물을 들어 올리려 애쓰는 사이

내겐 너무 자주 큰 사이

제비

세면대에 흰 손수건이 쌓여 있었다
젖길 기다리고 있었다

먼 나라에서는 기온을 몰라 덥지 않았다
습도를 몰라 슬프지 않았다

밤엔 자꾸 몸이 대범해지고 어깨를 흘러내리는 어둠이 있고
더럽히기 싫은 마음이 있어

화초 위에 물기를 털고 스커트 자락에 손바닥을 문질렀다

검은 날개가 발목을 베고 지나가는 사이
절뚝이는 신체가 마음에 들었다

별장 관리인은 라면을 좋아한다고 했다 떠날 때
테이블 위에 두 개 올려놓았다 편지와 함께

우리나라 말로 썼는데 꼭 외국말 같았다

개구리와 나

개구리가 어깨에 붙어 있었다 꿈이 아니길
나는 다시 잠에 들었다

아침이야, 개구리는 어젯밤보다 좀 더 완성되어 있다
밖으로 보내려 했지만 나보다 빨랐다 눈앞에서 사라졌다

몸이 마르면 위험하잖아
장마라 별장은 가느다랗게 난방 중이었다
내겐 온도를 조절할 권한이 없는데

아직 내보내지 못했는데

개구리야, 개구리야
맨발로 빗속을 달리는 찰진 발자국 소리 같은 건 들리지 않았다

침구가 보송해질수록 나는 입술을 자주 핥았다
밤이면 살갗 위로 도움닫기를 마친 체조선수의 발바닥

이 찍혔다
　　여기가 너의 어깨야

　　그게 너의 꼬리야
　　너의 마지막이야

　　나의 섭생은 점차 찬피 동물에 이르렀다
　　문을 열면 겨울이고 여름잠이 너무 깊어진 것이라고

　　개구리와 나는 땀을 흘리며 차가워졌다

방갈로

그건 다가올 여름의 일이다
다가올 여름의 일을 겨울에 통보받는다

내게 배정된 방은 방갈로라고 한다
강이 보이는 커다란 창이 있다고 한다

겨울부터 나는 여름의 얼마간을 준비한다
여름을 열 근력을 키운다 과일과 생선을 말려 간식을
만들고

비닐 튜브에 첫 바람을 넣어본다
납작하게 접어 서랍에 넣어둔다

그러다 보면 금방 여름이 오겠지

여름이 오면
여름이 오면

하지만

그러다 보면 정말 여름이 올까 싶어져 나는

방갈로 앞에 쌓인 눈을 쓴다 흐름을 멈춘 강을 바라본다
그 아래서 찰랑이는 겨울의 잠에 빠진다

겨울의 잠은 길고 복잡하고 나는

나의 방갈로가 강물에 떠내려가는 꿈을 꾼다
활활 타오르는 꿈을 꾼다

처음부터

아무것도 아닌 여름을 본다

여름 땅속

한강은 아주 먼 곳인데
타조알 같은 돌멩이들이 멀리서 뜨겁던 곳인데
낚시꾼들이 던진 미끼가 더 먼 곳에서 가라앉던 곳인데

물의 혓바닥은 몰라도 되는 곳을 적셔간다
수장과 순장을 발음하며
신발들이 바쁘게 오가는 것을 바라본다

그리고 마침내 쏟아져 들어올 물줄기
꿈은 항상 꿈으로 남아 꿈을 반복한다

죽은 자의 날들에 주소를 건네주던 생활
고서들이 고성에서 고성으로 나란하다, 여름 땅속

지나고 나면 아무것도 아닌 일들
아무 일도 아닌 것들이 아닌 일들

늦게 문을 열고 들어오는 습한 혀끝과 마주한다

아직 검은 창밖
주먹을 내밀면 주먹 모양의 자국이 생길 것 같다
양쪽 손바닥을 내밀어 새의 날개를 찍는다

흙 속에서 비 냄새가 난다
마침내 쏟아져 들어오는

사이클
—C선생님께

선생님, 지난여름의 며칠을 아직도 잊지 못하고 있습니다

그곳에 여름 별장은 있었습니다. 새벽엔 안개를 피워 올리며 물이 깨어나고 밤이면 안개를 덮으며 물이 잠들던 곳이었습니다. 제 방은 언덕에 반쯤은 잠겨 아주 습하고 깊었습니다. 창을 열면 언덕에 핀 들꽃들의 뿌리가 보일 것 같았습니다. 그곳에서 이 주일을 보냈습니다.

발목을 낚인 채

아침엔 아침밥을 먹고 점심엔 점심밥을 먹었습니다. 저녁엔 저녁밥을 먹었습니다. 이곳에서 하는 일 중에 가장 중요한 이 세 가지를 마치면 밤이 왔고 저는 제가 본 밤 중에 가장 캄캄한 밤을 매일 만났습니다. 밤엔 집에 가고 싶었고 아침엔 집에 가고 싶지 않은 날들이었습니다.

선생님, 그날 선생님께서 우리에게 해주셨던 이야기 생

각나십니까. 어린 시절, 앞마당 우물에 들어가봤던 그 경험 말입니다. 어린아이가 햇빛이 쨍한 여름날 아무도 없는 집 마루에 앉아 있다 홀린 듯 우물에 들어가봤다는 이야기 말입니다.

　매일을 만났습니다

　맨발로 돌과 돌 사이에 발가락을 끼워 넣으며 아래로, 아래로 자박하게 검은 물이 찰랑이는 우물 속으로 들어갔다는 그 이야기 말입니다. 불현듯 검은 찬기 같은 것이 발목을 휘감고 잡아당기는 것 같아 황급히 우물 밖으로 나왔다는 이야기 말입니다. 혼자 마루 구석진 곳에서 혼곤히 잠에 들었다는 이야기 말입니다. 평상에 둘러앉아 저녁을 먹고 있는 식구들의 등이 꿈처럼 깜박였다는 이야기 말입니다.

　선생님, 오늘 저는 왜 그 이야기가 떠올랐을까요

지난여름의 나의 방을 떠올리다, 우물 이야기를 떠올리다, 저는 왜 우물 같던 나의 방을, 자박자박 우물 속으로 들어가던 어린 여자아이의 리듬을 지금 겪고 있는 것일까요. 헝클어진 머리를 하고 이 우물 같은 모니터에 이런 말들을 쏟아내는 것일까요. 작은 죽음 같았습니다, 선생님. 지난여름도 나의 방도 우물 속도 말입니다.

작은 죽음을 거쳤습니다

우물 밖으로 나와 한숨 자고 일어난 저녁은 어땠습니까, 선생님. 새로 태어난 느낌이었습니까. 선생님, 먼저 아셨던 선생님, 아직 우물 밖으로 꺼내지 않은 마음이 있습니까. 그건 실패하고 만 생애 최초의 어떤 시도였습니까, 선생님.

긴 유리잔의 둘레를 손가락 끝으로 문지르면
어린아이의 눈에만 보이던 투명한 무덤이 떠오릅니다
각얼음의 모서리는 천천히 부드러워집니다

돌고 돌아 우물은 또 시작입니다

이제 밖은 아주 밝습니다 선생님

그리고
아주 깊습니다, 11층 나의 방은

해수욕

모르는 사람의 텐트에서 수영복을 갈아입었다

우리에겐 돗자리밖에 없어

이불 속에서 속옷을 갈아입을 때처럼 텐트가 흔들렸다

준비 운동 없이 물에 들어가도 놀라지 않을 만큼

몸은 이미 뜨겁고

거품을 몰고 달려오던 바다는 해변에 젖은 그림자를 남겼다

너는 왜 들어오지 않는 거니

돗자리는 작은 바람에도 멀리 날아가니까

태양도 바다에 뛰어드는데 아침이면 다시 고개를 내미

는데

   너는 왜 들어오지 않는 거니

   무리에서 멀어지는 튜브는 나에게만 보이는 거니까

   비치 볼을 주고받으면 날이 어두워지고 또 밝아지고

   우리는 수영복 위에 겉옷을 입고 버스에 올랐다

   오랫동안 몸이 마르지 않았다

청량

필기할 때마다 맨살이 닿았다
에어컨 바람이 지나쳤다 물 백묵이 칠판 위를 지나갔다
단락이 길어질수록 청량은 달궈졌다

망우에 갈래?

자전거를 타고 플라타너스 길을 달렸다
일찍 떨어지는 이파리가 있어 얼굴이 아팠다

망우에 가면

우리는 가장 어린 시체가 되어
살 속에서 뜨거워지는 석양을 바라봤다
가출한 애들이 쳐놓은 텐트가 잔디를 입고 솟아났다
시와 시를 구분하는 경계석을 넘나들며 우리는
우리 밖으로 나갔다 돌아왔다

붉은 얼굴들이 뚝뚝 떨어지는 사이

청량한 사이였다

여름특강이 아직 끝나지 않은 사이였다

우리는 함께 다음 장으로 넘어갔다

2부
명선에 대하여

대치

마당 그네에 앉아 다리를 흔든다

다리를 흔들 때마다 그네가 간지럽고 간지러움처럼
구름부터 비가 오기 시작한다

먼 산에서 시작한 비가 가까운 산으로 온다
천변으로 온다 멀리서 가까이로 비가 다가온다
담 너머까지 도착한다

그네 앞까지 오면 얼른 뛰어가야지
손을 머리에 얹고 찰박거리며 도망가야지

하지만 비는 담 너머에서부터 더 다가오지 않는다

이상한 비야

힘껏 구르면 발끝이 젖을 것도 같지만
비의 세계에 닿을 것도 같지만

비와 나는 마주 보고만 있다

녹양 아래

오리들은 어느 여름 때로 죽는다

장마는 끝 무렵이고 전염병은 막 돌기 시작한다
철도 없이 바깥으로만 돌던 당신
철새를 키우기로 마음먹은 사정은 궁금하지 않지만
또 언제 떠날 것인지

명선과 나는 오늘이다 내일이다, 나무 이파리를 뜯으며

늘 오늘 아니면 내일, 어제는
중순에서 하순으로 다시 초순으로
오리 똥 더미 위를 오리처럼 걸어 다니며 어서
여름이 가기를 명선과 나는

당신도 저 더러운 오리들도 어서 사라지기를

쌀 씻는 소리에서 소나기가 몰려나오면
진밥을 싫어하는 당신을 위해 죽을 끓여보겠다고 명

선은

    나무 그늘이 너무 깊어 오리들이 앓는 것이라고

    질척한 땅을 밟을 때마다 당신의 키도 줄어들어
    명선과 나는 오늘이다 내일이다, 버드나무 잎을 뜯으며

    버드나무는 잎도 많지

    저렇게 무성한 여름이
    오리들의 사체 위로 떨어지는 것을 바라본다

명선에 대하여

어떤 사람이 자기 책에 대해 말했다

내가 완전히 다르게 읽었다는 것을 알게 되었다
하지만 말하지 않았다

책이 그렇다

그 넓이에 대해 생각하다
이마가 두꺼워진다

읽는 건
손끝으로도 읽고
눈길만으로도 읽고

그냥 지나치고도 알았다 하고
사실은 담아두고 싶지 않았던 것이기도 하고

생각은 속도가 멈춘 곳에서 한참 멀어졌지만

얇아지도록 이마를 문지르면

책장 가득
등 돌리고 앉은 것들

쓰지 않아 쓴 채로 남은

한 사람의 등을 오래 읽다 보면 갑자기 무서워져 눈을 감는 순간이 온다

밤마다 커다란 소리를 내며 빛나는 별들로

그 집에서 택배가 왔어
발신인은 그 집이야

그 집에서 첫 생리가 시작된다 정사각의 스티로폼 상자에선 토마토가 익어간다 원피스의 중간에서 훌라후프가 돌아간다 두 번 접은 양말이 발목을 조른다 아이들이 넘다 던져놓은 줄넘기가 서로의 목을 묶는다

그 집은 적고 있어
이제 와서 그 옛날은 다 무엇이냐

토마토가 귀화 식물이래
토마토는 알까

번지수까지 잊지 못하는 장소

그 집은 새로운 사람들을 품고 있었어 우리한테는 마지막 집이었는데 처음처럼 신혼의 부부가 살고 있었어 살던

집을 다시 찾아가는 일은 드물지, 내내 살고 있어도

  택배 상자는 검은 토마토로 가득했어
  밤마다 커다란 소리를 내며 빛나는 별들로

  어둠은 복잡하다고 해

저녁의 마술쇼

명선은 마술사와 결혼한다
마술사는 방과 후 학교에서 마술을 가르친다

예식장엔 헬륨 풍선이 떠다닌다
아이들이 날아다니다 말고 축가를 부른다

풍선을 타고 노래가 사라진다

한복 입은 사람들의 충고
너희들도 어서 사라지렴, 곧 저녁이잖니

마술사가 긴 칼을 아무리 여러 번 찔러넣어도
나무 상자 속의 여자는 죽지 않는다는 걸

아이들도 알기에

하지만
우린 눈을 가리지 못하는 형벌을 받았기에

마술쇼는 이어진다

풍선을 타고 명선이 사라진다

보타닉 가든

암탉의 배를 가르니
달걀이 크기 순서대로 정렬해 있다

알들은 줄을 서 자라나던 중이었다
껍질이 단단해지는 순서였다

내장을 들어내고 벽을 훑어내고
배 속은 다른 곡식과 열매와 뿌리로 채워졌다
밑은 이쑤시개로 막혔다 엎드린 등에 버터가 발렸다 그리고

껍질이 바삭해지는 중이었다

접시는 정원의 잎사귀로 가득했다 무화과와 한련과 저녁의 단풍
언제나 부드러운 들꽃들의 몸

포크가 두 개씩 시옷 자로 놓여 있다

닭들이 머리를 맞대고 물을 마시던 각도다

더는 못 먹겠어, '달걀처럼 배가 꼭 찼어'
사람들은 배를 두드렸다 두드릴 때마다 배에 금이 번졌다
금은 금마다 구근을 달고

빈 접시는 여전히 부드러운 들꽃들의 몸
식탁이 부풀어 오르고 오븐이 식어가는 사이였다

정원에 뼈다귀를 묻고
아이들은 병아리가 피어나기를 기다렸다

교문

 너는 시주 온 스님에게 쉽게 문을 열어준다 혼자서, 겁도 없이. 물인지 불인지 뭔가 많은 건 좋지 않은 거냐며 너는 태어난 시를 앞에 두고 죽을 시를 점친다 스님은 불운을 설파하고 바쁘게 사라졌다는데 명선은 그게 누구의 불운인지 묻지도 않고 팔자를 논한다 팔자라니 그건 너무 중세스럽잖아 맨들맨들한 문이 자꾸 문을 열고 들어오는 것 같다고, 죽여버릴 거야 죽어버릴 거야 문교부 필체가 벽지를 채워나갔다 돌아오면 30년이 훌쩍 지나 지금은 퇴계원 어디서 너는 보살 노릇을 하고 있는지 교문리 제일 높은 언덕 끝 집에서 우리 집은 홍수가 나도 세간 하나 안 젖을 거라며 머리를 맞대고 앉아 삶은 소라를 까먹던 여름밤인 것이다 이미 다 젖은 폭우의 밤인 것이다 도르르 말려 나오는 나선형의 시간들을 씹지도 않고 삼키던

 불경의
 교문인 것이다

은화

찰랑거리며 이끼 밭을 지난다, 맨발의 끝에서 빛은 얼룩이 짙어진다, 은화를 만난다, 키가 작은 아이들을 모아 놓으면 음악 같은 흔들림이, 흔들리지 않는 방식으로, 바람이 무릎을 접는 곳에서 서성이는 은화, 엎드린 은화야, 젖은 셔츠에 묻어나는 몸, 가장 깊숙한 꽃을 헤집는 은화야, 누가 올까 봐 더 짤랑이는 은화야, 혓바닥은 갈라지면서 신음을 뚫아 내리고, 무릎을 세우는 바람, 축축한 손바닥을 비비며 악수를 건넨다, 진초록의 손, 등을 높여 꽃을 숨긴다.

어린아이의 신경증 같은

 턱 괴고 밥 먹는 걸 명선은 참지 못했다 이불 속에서 엎드려 먹고 싶은 걸, 먹으면서 자고 자면서 먹으면 안 되나 손바닥을 치워버려 머리통이 대접에 떨어지기도 했는데 변기에 앉아 아서 고든 핌의 모험 같은 것을 읽고 있으면 마루에서 배추 머리 쪼개는 명선 몸통이 다 절여져도 나는 변기에서 일어나지 않았는데 뒤끝이 질긴 부주라고 명선은 혀를 차고 나는 화장실 문 닫지 말라고 소리치고 우리는 언제나 삼투압 중이었는데 나는 내가 신생아 때 신경증에 걸린 걸 기억했는데 그래서 내가 얻은 것은 변비거나 치질이거나, 남들이 천사의 미소라고 부르던 나의 웃음이 비웃음이라는 걸 명선은 왜 모른 척했을까 나는 왜 명선의 모른 척을 모른 체했을까 이 모든 모른 척이 나를 골다공증의 어른으로 성장시켰는데 여기저기서 쉽게 부서지는 나의 유치들 명선은 늙어서도 힘이 세고 요양원과 고아원을 헷갈려 하고 세상에 그 작은 들깨를 키우더니 기름을 짜내어 오늘, 더 큰 병으로 냉장고에 던져놓는데

오늘의 말

다시 찾은 집에
청둥오리가 노닐고 있다

명선, 이건 또 뭐하려고

풍물시장에서 사온 청둥오리 한 쌍이 가족을 이루고 이뤄 마침내 한 다스를 이뤘다는 건 전에 들은 말, 그 가족이 계절이 바뀌자 모두 함께 날아갔다는 건 근래에 들은 말, 본디 그러하니 굳이 찾지 않는다는 건 오늘의 말

빈 청둥오리 집에 사료를 가득 부어주며
청둥오리가 노닐고 있다

이격

선인장의 가시를 세고 있었지
따가움 하나, 따가움 둘

내가 살아본 가장 마당 넓은 집이었는데
마당 가득 선인장 화분이 놓인 집이었는데

언니,
언니가 마당에 앉아 미술 숙제를 하고 있을 때

떨어지는 붉은 방울과
잘 번지는 수채화 물감

명선은 밤에 이 집을 보러왔었대
불빛에 반해 이 집을 얻었대

밤마다 가시 끝에 맺히던 빛방울
낮엔 없어지는 것들

명선은 왜 선인장이 되어가는 걸까

우리는 뭘 먹었는지
무럭무럭 자랐지

붉고 따갑게
굵어졌지

얼굴이 창피해지도록
선인장의 가시를 세며

아주 멀리 흘러갔지
빛으로부터

로얄 롤러장

신발을 바꿔 신었을 뿐인데
굴러다니는 걸음

아무도 나와 돌지 않아

데님 스커트에 세일러복을 입고 언니는
돌고 있지 그 애랑 손을 잡고

오늘은 뒤로 가기야 양발로 팔 자 모양을 만들어 나쁜 팔자는 목걸이처럼 이어지며 하나 둘 다음은 물결 만들기야 양발을 십일 자로 하고 뒤를 보며 오른쪽에 한 번 왼쪽에 한 번, 힘을 실어 뒷걸음질이 물결에 실려 뒤가 달려

바람에 안기고 바람에 누우며
뒤를 달리는 리듬

등이 사라지는 순간이야 뒤가 열리는 순간이야
토픽이 꽂히는 정지야, 돌아버리고 마는 언니

아무도 나와 돌지 않아 돌지 않아 아무도 나와
트랙 벤치에 손을 모으고 앉아 있으면

돌았구나

언니가 지나가고 또 언니가 지나가고 명선이 될 때까지
돌고 돌아 포대기에 업혀 언니가 방긋 웃어

벤치에 앉아
해와 함께
사라지도록

내 손이 내 손을 잡아
기다리면 올 것 같은 시간이야

중랑천이 마르도록
돌고 돌아

명과 선

이번엔 꼭 명선과 단둘이서만 사진을 찍자고 결심했다

나란히 앉아 명선의 옆을 보았다
눈꺼풀이 내려앉아 땅을 향했다 눈꺼풀이 자꾸 내려앉는 건
날마다 족집게로 눈썹을 뽑아서야

이제 명선은 눈썹을 다듬지 않는다
초록 그물로 감싼 머리도 돌보지 않는 것 같다
빈 밭을 덮은 검정 비닐이 바람 불 때마다 부풀어 올랐다

카메라 앞에서 우린
자연스럽자고 했지만 자연 속에서 자연만큼 자연스러울 수는 없다
그래서 우리는 덜 자연스럽기로 했다
명선의 머리칼을 귀 뒤에 꽂아주며 덜 자연스럽게 웃어보라고 했다

자연스러웠다가는
정말로 자연스러웠다가는

카메라 속에 우리를 앉혀놓고

우리는 산책을 나갔다
잘 가꾸어진 정원을 지나 호수를 향했다 자연은 해가 지는 시간의 모습이었다
어깨를 맞대고 오래 앉아 있으면
서로가 서로를 알아채지 못하는 순간이 올 것 같았다

자연스럽게

언젠가 어느 날의 사진 속에서
명은 없다 선은 옅어지는 중이다

다음엔 꼭 명과 선 단둘이서만 사진을 찍자고 다시 결심했다

밤의 망원유수지

이별을 마치고
반짝이는 물을 바라본다

범람하는 마음을 대비해 우리가 준비해온 것들

수문을 열면

가장 낮은 곳으로
모여드는

망원

망우에서 302번 버스를 타고 합정에 내려 다시 버스를 갈아타고 그를 보러 갔다 분식집에 어린 우리를 앉혀놓고 명선의 말을 전해 들으며 그는 쇠젓가락을 시옷 자로 기역 자로, 안전모를 벗었다 썼다, 원망보다 소득 없는 만남을 이어갔다 다시 합정으로 망우로 교문으로 다시 명선에게로 돌아갔던 밤

그 저지대의 밤이 오늘 떠올라 우리는 어깨를 시옷 자로 올린다
뾰족해지는 마음

성산대교의 이쪽 끝과 저쪽 끝, 차들은 얼마만에 극단에 도달할까, 쌩
지금 지나간 물은 얼마 뒤에 바다에 닿을까

언제
홀로 있는 명선의 밤을 적실까

망원과 유수의 밤엔
등을 밀며, 등을 밀며

이별이 아닌 것들만 반짝이고

3부
걷어 올린 소매가 혼자 내려오도록

겨울의 내부

환기구를 타고

다 타버린
아랫집이 올라와요

검댕이와 연기와
냄새

겨울은 쌓여가요

커다란 장화와
젖은 털신과
플라스틱 슬리퍼

타다 만

어제는 다시
눈에 덮이고요

아랫집은
검고 텅 빈

구멍이에요

우리의 토대가
즐겁지는 않지만

손바닥이 노랗도록
귤을 까먹고

기도를 해요

아랫집 같은
잠 속으로 자꾸

떨어져요

깊고
따듯한

빈칸이에요

생애의 생일

생일날 아침
'달력만 내 생일을 알고 있었다'라는 구절이 좋아 밑줄을 그었다

저녁에 당신에게 말해주었다
'달력만 아는 내 생애라니'

찰랑이도록 술을 따랐다

생일도 생애도 다 들리지 않았다
달력으로 들어가 문을 잠갔다

🌙 조연호 산문집 『행복한 난청』 중에서

리코더
―너에 대해 말하기 위해

불었지
사라져서 다행인 연기
입김에서 밤의 냄새가 나

구멍을 다 막고 나야 들리지 중저음의 숨결
가슴 아래서 진동벨이 울리는데
보면대 앞을 서성이는 말들은

부적합하지
내서는 안 되는 소리의 목록이지
밤은 흘러내리고 발목이 조여오고

불지 마
발끝에서 자라난 뱀들이 목을 향해 오잖아

쇄골 깊숙이 턱을 묻고
밤은 그냥 밤에게 묻고

혀끝이 갈라질 때마다 달라지는 리듬이야
마룻바닥을 치는 슬리퍼야

너에게
너에 대해서
나는 더 이상

높은 도와 낮은 도
이런 도덕률의 사이에서

분리되는 몸통이지
온몸의 수분을 다 빼야 잠잠해지는

목의 소리지

방금의 약국

약국으로 들어간다

약국에는 약이 있고
달려오는 시간이 있고
눈동자는 더 바다 같아지고
빗소리와 파도 소리에 섞여

중력을 버리고

약병들은 떠오르고
아무렇게나 흩어지는 모래고
파도를 뒤집어쓸 때마다
귓속은 해변으로 가득 차

약국으로 들어간다

난화기 아이들의 그림처럼
팔다리는 마구 달리고

침을 흘리며 피를 쏟으며
웃을 것이다 뱉을 것이다

끝까지 가본 노래는

약국의 위엄
약국의 자랑

불 꺼진 거리인데
곳곳은 약국의 입구인데

곳곳엔

약에 취해
자동으로 열리고 닫히는
유리문들이

이토록 검은 덩어리를 걸치면

침대를 벗어날 수 없는 병에 걸려서

발끝은 섬에 닿고 풀밭에 걸리고 공을 올려놓고 돌려도 보고
베개는 높이가 얼마나 중요한지
60수 아사면으로 몸을 휘감고 해가 잠시 떠오를 때

작동하는 침대를 갖고 싶어

엘리베이터를 타고 산책로를 달리지 천변의 오리 가족에게 안부를 전하지
직각의 거만함, 내려 뜬 눈에 경의를
나뭇잎 배보다 나의 침대가 더 빠르지

혀끝을 코밑에 대고 볼이 뜨거워지도록 달리면

커다란 강이 저녁마다 붉어지는 강이 같은 몸인 적이 없는 강이

한 번도 침대를 벗어난 적 없는 강이

언제나 밤이

계속, 계속
이토록 아름다운 원피스를 입고

철교를 가르지
지퍼를 내리지

모른다는 바다

그는
간질이면
눈동자가 돌아가고
입에서는 바다 거품이 부글부글

그때 그가 보는 것을 나는 보지 못하고
그때 그가 말하는 것을 나는 알아듣지 못하고

고개를 옆으로 돌리고 입 속에 손가락을 넣고
알아듣지 못하는 말들을 긁어내고

셔츠의 단추를 몇 개 더 풀고
돌아누운 등이 잠잠해질 때까지
걷어 올린 소매가 혼자 내려오도록

잘 다녀왔다고 참 아찔한 여행이었다고
그가 짐을 풀고 욕조에 몸을 담그면

던져놓은 속옷은 저렇게 각이 없고
벗어놓은 양말은 저렇게 다방면이고

다녀온 바다가 얼마나 깊은지
파도가 가져온 말들은 왜 다 사라지는지

욕실 문에 귀를 대면
수챗구멍으로 커다란 게 빠져나가는 소리

그가 빠져나간 그를 그는 예쁘게도 개켜놓고

하루

우린 일 년 속에서 평생을 살았다
봄의 당신은 시작이었고 겨울의 나는

싱싱한 손을 포장한다 혈액순환이 잘 되는 발과 연하고 촉촉한 피부에 리본을 묶는다 당신에게 보낼 것들의 목록은 늘어만 간다 참, 이건 방금 자른 머리카락이다 하얗게 센 밤이다

누군가 버린 달력을 들고 왔다 지금의 달력 옆에 나란히 걸어두니 시간이 두 개로 흘러갔다 저번에도 봤던 시간이다 시간을 버리고 간 사람은 어디에서 홀가분해졌을까

해가 질 때마다 바뀌는 종교 덕분에 나는 술을 끊을 수 없었다 술을 끊으면 당신도 끊을 거 같아 술김이라는 말을 아꼈다 멀리 다녀와도 부르트지 않는 신을 현관에 걸어두고 싶었는데

우린 일 년 속에서 평생을 살았다고
일생 속에서 단 하루만을 살았다고

 가보고 싶은 나라에서 온 약병들이 머리를 맞대고 쓰러졌다 언제든 나설 수 있게 당신은 자면서도 화장을 원했다

환은

불면이 계속되었다
당신은 시계꽃을 주문했다

시계 닮은 꽃을 말려 둥글게 만 이

환은

소용돌이치는 밤을 잡아줄 이

환은

입 속에서 초침 소리를 내며 녹는다
심장과 뇌 속으로 이

환은

밤을 여전히 밤이게 하고 낮도 밤이게 하고
계속되는 밤 속에서 환은 나를 삼키며

돌아누운 당신의 등을 내내 밝히고

밤의 햇살 사이로 먼지들이 떠다닌다
어제는 너무 빠를 것이고 내일은 언제나 늦었다

먼지를 움켜쥐고 잠은
손을 펼 수 없다

잡아주는 마음

문을 잡고 모르는 사람을 기다려주는 아는 마음과
같은 소리를 내며 물을 내리고 다른 수도꼭지를 들어 올린다

거품 속에서 손가락 사이사이가 친해진다

손을 잡으면 안심이 된다 빠져나가지 않는 힘을 확인한다
이것은 나와 나의 작용

다른 손과는 날마다 서툴다

어떤 손은 나의 입술을 찢어놓는다 섬세하지 못한 나의 덴티스트
이 빠진 자리에 혀가 쑥 들어간다

모르는 사람이 칫솔질을 시작한다

거품이 태어나고 거품 속에서 말이 난다
연기 같은 잠깐의 사이를 헹군다

그러면 내가 먼저 문을 잡기로 한다 뒤를 돌아보면
모르는 사람이 기다린다 입술과 입술이 벌어진다

잘 가라며
붙잡는 사이

교체

점으로 시작된 균열은 금으로 틈을 냈다
보이지 않는 곳을 향해

내부를 내보내는 소리

인부들은 욕조를 박살 냈다
커다란 자루에 조각을 담아 밖으로 내보냈다
욕조가 사라진 자리엔 벽돌이
검은 먼지를 쓰고 띄엄띄엄 엎어져
고고학자처럼 인부들은 유적에 솔질을 했다

경사를 이룬 벽돌 밑으로
내보내서는 안 되는 말들이었는데

오래 갇혀 있던 어둠은
가슴에 양손을 포개고 바로 누워 두 눈을 꼭 감고
하관에 힘을 주고

엘리베이터를 타고 내려갔다
11층에서 1층으로

더 지하로
내부가 시작된 곳으로

가느다랗게

새 욕조 속으로
더 오래전의 물이 차오를 때까지

심벌즈

겨울은 우아했다

파스타 볼의 둘레를 두드리는 포크의 리듬
의자에 앉은 아이들은 발바닥을 마주치고 있었다

가랑이에서 빈 모양이 만들어졌다 사라졌다

아주 가끔씩만 부딪칠게요
입술과 손끝과 현과 현

모든 음악은 만남으로 시작하는데

호흡이 달라도 키스할 수 있을까요
내 방엔 각각의 속도로 이동하는 날짜가 여러 개

비가 쌓이는 소리
눈이 흘러가는 소리

챙이 넓은 모자는 많은 것을 막을 수 있었다
겨울은 우아했으므로

모두의 호흡은 정당했다
눈은 가끔 큰 소리로 모든 소리를 제압했으므로

산책로

사람과 개가 약수를 나눠 마시고 있었다 우리가 잡았던 손을 놓는 잠깐 손가락 사이로 약풍이 지나갔다 풍욕을 하던 습관처럼 바람 앞에서 가슴을 내밀었다

노인과 노인이 노인과 아이가 젊은 부부와 개가 지나갔다 거꾸로 머리채를 늘어뜨린 채 인형이 흔들거렸다 나는 너의 손목을 붙들었다 머리채가 바닥을 쓸었다

큰 개가 큰 남자를 보고 으르렁거렸다
왜 그래, 너 왜 그러는 거야
큰 남자는 대답하지 않았다

사람들은 또 지나가고 우리도 사람들 사이를 우리처럼 지나갔다 산책로 끝엔 긴 계단이 있었다 앞에 오는 사람들은 이제 막 산책을 시작하는 중이었다

산책로 입구 표지판에 기역 자가 지워져 있다
'산채로 걸어서 이 분'

우리는 다시 산책을 시작했다

산 채로 사이를

언제부터 내리는 눈일까요

*

전갈을 받아들고

양 손바닥에
그 전갈을 받아들고

눈이 길을 숨겨 막막은 아름다웠다

*

고요가 고요의 상태로

저녁엔 입쌀을 불려 밥을 안쳤다
구운 채소에 양념장을 얹었다

더 저녁엔 백차를 마셨다
가축을 돌보며 성의 둘레를 가꾸는 게임을 했다

그리고 더 저녁엔 중세의 폐사지를 거닐었다
다다른 적 없는 침묵 속에

뒤꿈치를 내려놓았다

*

상실이 상실로 복원되는 밤들이었으니

*

양 손바닥 가득
그 전갈을 받아들고

내리는 눈은 언제쯤 그칠까요

*

외곽은

움직였고

일렁였고

멀어져갔다

4부
서로를 세워두고 우리가 흩어질 때

시선

벽으로 된 거울 앞에서
거울로 된 벽 앞에서

학생들이 춤을 추고 있다
각이 진 춤 동작 뒤로 천변 산책자들이 나타난다
목줄을 걸고 개들이 사라진다

여름밤은 짧고 시끄럽고 시선은
용도에 맞춰 채워졌다 비워진다
낮에 춤을 추던 학생들이 어른이 되어 거울에서 나온다

거울을 바라본다

누군가 거울을 향해 돌을 던졌다고 한다
그런 일들은 대개 밤에 일어난다

거울엔 많은 금이 살기 시작한다
금은 자주 자라난다

거미들이 집을 지어나가는 교각 아래
군무를 추는 사람들이 늘어난다

거울을 벗어나려고

매 순간
다른 물이 지나간다

선형의 숲

아침에 나는 숲이 몹시 아팠고 오후에 부고를 보냈다

나는 나를 빠져나가고 있었다 어깨가 좌우로 흔들렸다 오른발을 짚으면 오른쪽 어깨가 왼발을 짚으면 왼쪽 어깨가 쓰러지며 멀어지고 있었다 돌아볼 줄 알았다 한 번쯤은 뒤를 돌아봐야 했다 내가 서 있으니까 내가 서 있다는 것을 알고 있으니까 그러나 그래서 나는 한 번도 돌아보지 않고 멀어지고 있었다 멀어지고 멀어지다 나는 나무와 섞였다 움직이던 것들이 멈춰 숲을 이뤘다 내가 돌아보면 나도 나무처럼 보일까 나는 나무의 앞뒤를 구분할 수 있었다 어느 얼굴이 저렇게 고요하고 무서울까 나는 먼저가 되었다 내가 따라가야 하는

저녁엔 부고를 받은 친구들이 답장을 보내왔다
빽빽하고 모호한 슬픔들을 읽었다

숲에 기대
나무를 다 세도록

이터널

저 터널을 지나면 버스에서 내려야 한다 터널은 짧고 그늘도 잠깐이다 집은 언덕에 있다 언덕은 오르는 것이지만 뚫기도 한다

자전거 타는 무리들이 터널 벽에 붙어 여름을 쉬고 있다 공공근로 중인 노인들은 집게처럼 걷는다 터널로 모여든다 사람은 여름을 위험하게 만든다

저 터널의 벽을 상상한다 여러 조각의 거울일 것 같다 그러면 사람들은 순식간에 불어난다

터널은 꽉 찰 것이다

버스는 크고 높다 내릴 때는 땅이 꺼질 것 같은 어지럼일 것이다 정류장이 아닌데도 멈춰 서서 버스는 움직이지 않는다

유리관

전화벨이 울린다

마침 나는 카프카에 관해 읽던 중이다
살아 있던 마지막 며칠
카프카는 절화관리법이 실린 신문기사에 관심이 많았다고 한다

화병을 소독하거나 줄기 아래를 비스듬히 자르는 일들 혹은 화병에 설탕을 넣는 일들을 생각한다 전화는 친절히 받아야 한다

새벽에 도착하는 소식은 벨소리가 빠르고 크다

그런데 왜 그날의 분만실 냄새가 떠오르는 걸까 신음에 묻히던 라디오 소리가 생각나는 걸까 내일의 약속을 확인하는 간호사의 통화 소리가 까마득하게 들리던 그 밤이, 탯줄 자르던 가위의 번득임 같은 것들이

카프카는 결핵균이 후두를 침범해 물도 마실 수 없었다 한다
이미 끊어진 것은 어떻게 어디까지

연장되나

한해살이풀들은 한 해를 살면서 여러 해를 산다 계속을 산다
그리고 설탕이 녹아내린다

고요하고 달콤한 유리관 속
절화의 줄기가 반짝인다

전화벨이 울린다

이중 리듬

아무도 오르지 않았는데 수평이 움직인다
앞마당에 놓인 고인돌

박물관에서는 미물지생전이 전시 중이다 상설 전시로는 오백나한전, 아슬아슬 구조되는 수평이다 미물도 오백나한도

고인 위에 괴어놓은 시간이
하부를 향해 수직의 받침돌을 누르고

30년 전 동영상을 복원해 사촌이 보내온다 화면 속 사람들은 이제 모두 고인이다 충무로의 어느 호텔 연회장에서 그들이 춤을 추고 있다

수직으로 서서
날렵하게 즐겁게 발바닥을 비비며

나는 그때 교복을 입고 있었나, 알았나 그들이 모두

사라질 것을
　그들이 모두 사라진 상태로 남을 것을

　계속 출토되는 유물들 속에서 그들은 모자를 썼던가
　비빈다 발굴되지 않을 말들이 만들어내는 리듬

　풀벌레와 깨달음을 얻은 돌덩이가 함께 시소를 탄다
　고인돌의 의지는 움직이는 균형, 동영상 속에서 웃음이 웃는다

　마주 보며 우리가 웃는다

투과성

그래도 다시 집으로 돌아갈 생각은 말아

테이블 위에서 술잔이 쓰러지고 견과류가 눅눅해질 동안 우리의 만남이 열두 시간 이상 계속되는 동안 잘 경작되지 않는 생활을 말하고 생활이 무엇인지 꼼꼼히 따져 묻는다고 믿으며

엉뚱한 말들이 흘러내릴 때
낮과 밤과 새벽으로 우리가 하나로 겹쳐 보일 때

그래 어떻게 멀어진 생활인데

어떤 것도 얹을 수 없게 어깨를 시옷 자로 세우고 오도카니 앉아 흘러내린 말들이 어디를 향해 가는지 기억하고 말 거야

시야가 겹쳐지고 분철되는 지금의 시간을
내내 서로의 책을 불사르며

새벽의 버스정류장에 서로를 세워두고 우리가 흩어질 때
　한 번도 걸어본 적 없는 가로수들이 서로를 향해 포개질 때

　우리가 어떻게 재가 되도록 서로의 입김 앞에서 흔들리는지

밤은 계속

시작되면 나의 몸은 소리에 아프다

공사판의 소리가 아니다 도로 위의 클랙슨도 아니고 옆집 남자의 비명도 아니다 그 남자가 밤마다 복도에서 이불을 털어대는 소리도 아니다 팡팡 누구를 때리는지 모르겠는 그 소리가 아니다

귀마개를 하면 더 크게 들리는 소리

내 몸이 얼마나 잘 작동하는지 알려주는 소리다 충실하고 시끄러운 나의 기관들 머리카락이 날리는 소리 손톱이 자라는 소리 오래에 걸쳐 발가락이 변형되는 소리 주름이 자리 잡는 소리 홍채가 커지는 소리 각질이 단단해지는 소리

꿈속에서 나는 좀 더 책임감이 있어야 했다 밥을 더 많이 먹어야 했고 몸을 잘 닦아야 했다 내일이면 또 닦아야 할 몸이었지만 미루면 더 미루게 된다는 걸 알아야 했

다 미루고 미루다 보면 계속 미룰 수 있다고 믿었던 건 어제까지만이다 알아야 했다 언제가 마지막인지 알 수 없는 비누 작아지는 소리

   뒤통수가 닿았던 자리에 이마를 묻고
   밤 속에서 밤은 계속 멀다

   입 안 가득 비누를 문 채

시작하지 않은 감정

창밖엔 흔들리는 계절의 몸입니다

벌집 모양의 완충제 속에선
벌꿀 술 두 병이 빛날 것입니다

당신의 양봉이 내게 가져다준 것

붕붕거리는 일벌의 항변이 따라와
반짝이는 공격입니다

중독이란 단어에 한없이 너그러워지는 밤이면 밤일수록
별을 뜨는 당신의 회고

가느다란 도구
아무 데나 빨대를 꽂는

당도입니다

지네전구를 두른 것처럼 불이 들어오는
밀봉의 몸입니다

창밖엔 어느새 다음 계절의 별자리가 태어났습니다
아직은

취할 수 없는

마음이었습니다

별장 없는 생활

길을 걸었다

어둡고 습하고 울퉁불퉁했다 입구에서부터 머뭇거렸다 날마다 산책을 하고 날마다 다른 잎사귀를 동경했는데 길 안에서는 바깥이 기억나지 않았다 우리의 산책은 안으로 들어갈수록 귀 뒤가 뜨거워졌다 깊이 들어갈수록 머리카락이 많이 만져졌다 우리는 돌아나가면 그만인 길을, 끝까지 가봐야 할 것 같아, 시계를 풀었다

길의 끝에 무엇을 두고 올까,
머리카락이 손가락을 땋아 내릴 때

환으로 울려 퍼지는
어둠의 목소리

길은 길었다

어둠에 눈이 익으면 너무 푹 익으면 계속 바깥을 까먹을까, 다 까먹은 밤 봉지를 꼭 쥐고 들어온 만큼 나가면 출구인데 우리의 직진성은 시간을 까먹고 어느새 이 무

덤에 속하게 된다 더 깊숙이 높게, 끝에 닿으려던 사람들이 버리고 간 날짜들의 탑

  동굴은 다른 동굴로
  구멍마다 발목을 빼앗기며

  꽉 차고 텅 빈
  길을 걸었다

밤이 없는 낮과
낮이 없는 밤

재난은 휘몰아치지 않아요
차오르지요 조용히 차갑게

넘실거리며 일렁이며
더 큰 공포로 공포가 다가와요

우리는 모래주머니를 날라요
주먹밥으로 입을 막으며 밤을 새워요

모래주머니를 쌓아 올리지요

언제 무너질지 모르는 생활이에요
밤새 플라스틱 슬리퍼로 베란다를 서성이던 당신
딱딱한 소리로 결심을 반복하던 당신

쌓은 만큼 지켜지지 않는 것들을 위해

고개를 꺾고 방죽에 얼굴을 묻을 때까지

쌓아 올리지요

모래주머니가 우리를 덮칠 때까지
모래알처럼 우리가 휩쓸릴 때까지

발이 새는
땅 위에서

경작

트럭에서 내려진 화분들이 바닥에 진열된다 지나가던 사람들이 식물적 에너지의 상태가 된다 아름답고 가녀리고 잘 죽는 것들을 봄마다 품고 봄마다 버린다

베란다 아래는 남의 집 베란다, 안방 아래는 또 남의 집 안방, 공동주택은 모두 허공, 식물이 잘될 일이 없고 잘될 일 없는 것을 아니까 봄마다 꽃차는 도로까지 잎사귀를 심는다

불을 심고 연기를 맺는다

여름비처럼 겨울비가

극장 안은 비가 안 오고 따뜻하고 냄새가 고소하다
두 시간 반이 지나면 비는 그쳐 있겠지

그쳐 있어야 해

옆 사람이 웃어서 나도 웃는다
옆 사람의 한숨에 나도 한숨

여럿이 혼자인 게 좋아
의자에 등을 더 깊게

-

그 비를 뚫고 영화를 보고

그 밤을 뚫고 너를 보러

너를 보내러 우리가 모인 밤

그러니까 여름비처럼 겨울비가 쏟아지던 어젯밤 일이구나

영화를 보며 팝콘을 먹을 때구나

어둠 속에서 가방을 찾지 못할 때구나

꺼놓은 전화기가 혼자 몸을 떨던 밤이구나

영화가 끝나도 일어나지 않던 어둠이구나

-

검고 커다란 베이글의 둥근 가운데로 아이가 빨려 들어가고 있다 아이의 발목을 잡은 다른 아이도 다른 아이의 발목을 잡은 또 다른 아이도 또 다른 아이의 발목을 잡은 또또 다른 아이도 또또

잡아주는 마음에 붙잡혀
어린 페르세포네들

나이 들고 눈물만 많아진 우리는 서로의 어깨에 얼굴을 묻을 뿐

-

잘 보내고 왔다는 연락을 받고 잘 지내자는 다짐을 하고
여럿이 혼자이지 않게

혼자이지 않게

그날 서교의 밤처럼
천둥과 번개와 소나기로 메시지를 보낸다

아름답고

가녀리고

잘 죽는

여름비 같은
겨울, 비가

발문

이어를 이어 쓰며

임승유 / 시인

> "시계와 타자기와 정적 사이에는
> 귀가 하나 있다. 듣는, 커다란, 분홍빛."
> ─클라리시 리스펙토르, 『야생의 심장 가까이』

 김영미와 만나 같이 돌아다니게 되면서 "우린 참 중간에 만났어. 그렇지?" 무슨 신기한 이야기라도 되는 양 물어보곤 했다. '중간'을 잘 설명할 수 있어서 '중간'부터 꺼내놓는 건 아니고, 뭔가를 꺼내놓자면 '중간'이어야 할 것 같기 때문이다. 낯선 곳에서 몇 달을 지내게 됐을 때 김영미를 만났는데 그가 알려준 이곳저곳을 혼자 찾아다니다가, 시간이 지나면서는 혼자 말고 같이 다니고 싶어졌다. 그래서 쉽게 끝나지 않을 두꺼운 책을 읽어야 하는 모임을 만들었고, 그때부터 생각이 복잡해지면 양 손가락을 머릿속에 집어넣고 뒤적이듯이, 우린 서로의 생각을 손가락 삼아 복잡한 세상을 뒤적이고 있다. 지난봄에는 모임을 끝내고 근처 산에 올랐다. 흰 꽃이 나타났다. 분홍 꽃도 나타나고 노란 꽃도 나타나고 보라색 꽃까지 나타났다. 이렇게 다양한 색깔의 꽃들이 한꺼번에 나타나서 봄 산은 생각이 많은

산처럼 보였다. 우린 생각이 많아 보이는 산속을 뒤적이듯 걸어 다녔다.

집에 돌아와서는 영화를 봤다. 남의 집에서 일하던 여자애가 작가가 되어, 자신의 머릿속 기억을 꺼내놓는 순서대로 진행되는 영화다. 등장인물 중에는 여자애가 작가가 된 결정적 계기가 된 '비밀'을 아는 사람이 없는데, 영화는 바로 그 부분을 밀도 있게 끌고 간다는 점이 재미있었다. 작가의 비밀에 해당하는 머릿속을 들여다보고 있자니 내가 나쁜 사람이 된 것만 같았다. 하지만 걱정 안 하기로 했다. 내가 걱정하는 그 사람은 나이를 먹을 대로 먹어서 함부로 흔들어댈 수 없는 사람이 되어 있었으니 말이다. 나이를 먹는 일. 어느 섬을 배경으로 번역에 몰두하는 화자가 등장하는 소설을 읽다가, 자신의 나이에 신경 쓰는 것 같은 작가에게 도무지 오십이란 나이로는 보이지 않는다고 말해야 하나, 화자가 고민하는 부분이 나오는데, 나는 그 부분에서 갑자기 분한 마음이 들어 이 소설을 작가가 몇 살에 썼는지 나이를 계산해봤다. 그래도 나는 이 화자를 좋아한다고 생각해버린다. 오십이란 나이가 뭐 어떻다는 건가 생각해버린다.

어릴 때는 같이 놀던 친구가 안 보여서 찾아보면 "아까 집으로 가던데."라는 말을 듣게 돼서 쓸쓸했던 적이 많았다. 요즘은 김영미와 만나서 돌아다니는데 김영미는 먼저 집에 안 들어간다. 김영미 입장에서도 나는 먼저 들어가는 사람이 아니다. 나는 그렇게 김영미와 돌아다니는 사람이 되어서 그의 두 번째 시집 원고를 읽고 있다.

여자아이가 나이를 먹으면 우린 그 사람을 뭐라고 부르나. 여자 어른이라고 부르나. 그렇게 본다면 김영미나 나나 여자 어른일 텐데. 그런 명명은 낯선데, 그렇다고 다른 어떤 말이 떠오르지 않고. 테레사 학경 차가 『딕테』 파라텍스트에서 불러낸 '말하는 여자'가 되었다고 하면 될까.

말하는 여자. 나는 내가 두고 온 여자아이에게, '말하는 여자'가 되어 무슨 말이든 해주고 싶어진다. 집 나갔던 엄마가 돌아온 날, 친구 집에서 시간을 보낸 후 돌아온 여자애한테 "저밖에 모르는 냉정한 년"이라 말하는 엄마. 늦어버린 귀가는 상처가 되는구나. 상처를 누설하는 쪽과 상처에 노출되는 쪽. 엄마도 여자애도 진짜로 집에 들어가지는 못하고. 풀밭에 앉아서. 풀처럼 흔들리면서. 너는 앉아.

중간에 끼어들어 말해보자면, 너는 아주 혼자는 아니게 되고, 시를 쓰고, 어딘가에 너를 두고 왔다는 생각에서 벗어나지 못하고. 다른 사람들은 어떻게 사는 걸까. 살아지는 걸까. 생각하면서

    나는 예전의 오늘
  신발도 신지 않고 나의 중간을 다녀왔다

그렇게 말하는 시를 읽게 된다. 「간유리」의 화자가 "신발도 신지 않고" 다녀온 곳. "두상이 좋아"(「석고상」)라면서 선생님이 불러내는 바람에 석고상이 되어 미술실에 앉아 있는, "아이들이 빠져나간 미술실"에 여전히 앉아서 "무엇이 되려고/무엇이든 되려고 점점" "굳어가고" 있던 여자애. 나는 김영미의 시를 읽으며 두고 온 어린 여자애를 만난다. 두고 온 풀밭의 너를 만난다. 김영미의 화자가 먼저 가서 만난 너를 비로소 만나게 된다.

> 가장 무서운 심장이 되어
> 가장 작은 입김에도 흔들리는
>
> 돌이 되도록
>
> 너는 앉아

(중략)

연하고 연한 것들의 팽창을

단단히 채워지는 근육을

이어를

이어 쓰며

손금이 연해지도록

혀를 묻고

너는 앉아

—「이어」 중에서

김영미의 화자가 미술실에 앉아 있는 여자애 귀에 대고

속삭여준 말. "이어" 덕분에 "혀를 묻고" 내내 그 풀밭에 앉아 있던 너를 만난다. 나는 그런 식으로 중간에 개입한다. "감은 눈이//떠지길 기다리며//투명이 우리를 가려준다는 믿음/안에서"(「야외 풀장」) 여자애가 엉덩이를 툭툭 털고 일어나 대문을 열고 집으로 걸어갈 수 있을 때까지 지켜본다. 고요한 말. 곡진한 말. "타일 바닥에 버려진 일회용 렌즈가 말라"(「야외 풀장」))가는 속도를 감각하는 이가 할 수 있는 말. 앞서 제사에 언급했던 "정적을 들을 수 있는 귀"와 겹쳐지는 말. 들여다보고 있으면 존재를 통째로 흔들어버리는 말. 나는 그런 말들을 피해 다녔던 것 같다. 왜 그랬는지 잘 모르겠다. 다만 지금 투명하게 무거운 말들 앞에서 울 것 같은 심정이다. "잔머리 달라붙은 이마를 닦아"주며, "아주 뜨겁구나"(「열대성 리듬」)라고 말해주는 목소리를 들으며 비로소 여자애한테 필요했던 말이 뭔지 알 것 같은 심정이다. 이런 목소리는 어떻게 가능해지는가.

지난여름의 나의 방을 떠올리다, 우물 이야기를 떠올리다, 저는 왜 우물 같던 나의 방을, 자박자박 우물 속으로 들어가던 어린 여자아이의 리듬을 지금 겪고 있는 것일까요. 헝클어진 머리를 하고 이 우물 같은 모니터에 이런 말들을 쏟아내는 것일까요. 작은 죽음 같았습니다, 선생님. 지난여름도 나의 방도 우물 속도 말입니다.

작은 죽음을 거쳤습니다

—「사이클」중에서

한때 여자애였던 선생님. 그 여자애는 커서 '말하는 여자'가 되어 자신이 겪은 여자애의 리듬에 대해 들려준다. 여자애였던 '나' 역시 그 리듬을 온몸으로 겪는다. 그건 "작은 죽음을 거"치는 것과 다르지 않아서, 한 번 죽었다가 깨어난 여자의 목소리에는 힘이 실린다. 죽을 것 같은 심정에 가 닿고, 죽을 것 같은 심정을 어루만진다. 어느덧 '말하는 여자'가 되어 세상의 모든 여자의 리듬이 된다. 김영미는 바로 그 '말하는 여자'가 되어 풀밭에 앉아 있는 너에게 다녀온 것일 테니, 너는 이제 일어나 집으로 걸어가도 된다. 그리고 엄마. 명선.

 명선과 나는 오늘이다 내일이다, 나무 이파리를 뜯으며

 늘 오늘 아니면 내일, 어제는
 중순에서 하순으로 다시 초순으로
 오리 똥 더미 위를 오리처럼 걸어 다니며 어서
 여름이 가기를 명선과 나는

 당신도 저 더러운 오리들도 어서 사라지기를

쌀 씻는 소리에서 소나기가 몰려나오면
진밥을 싫어하는 당신을 위해 죽을 끓여보겠다고 명선은
나무 그늘이 너무 깊어 오리들이 않는 것이라고

질척한 땅을 밟을 때마다 당신의 키도 줄어들어
명선과 나는 오늘이다 내일이다, 버드나무 잎을 뜯으며

—「녹양 아래」 중에서

'나'는 '명선'과 이상한 리듬을 겪으며 여름을 나고 있다. 나는 그 이상한 리듬이 좋아서 입속에 넣고 웅얼거리며, 나의 엄마 옥산과 여름을 나는 거라고 생각해버린다. 여름을 보내기 위해서는 여름을 나야 하지. '명선'과 '나'는 "오늘이다 내일이다, 나무 이파리를 뜯으며" 차마 버릴 수는 없는 더러운 시간을 나고 있다. "늘 오늘 아니면 내일, 어제는/중순에서 하순으로 다시 초순으로" 시간을 겪는 방식으로 시간을 버리고 있다. 김영미는 '말하는 여자'가 되어 말하지 않고도 다 말하는 방법을 온몸으로 알게 된 걸까. 발이 푹푹 빠지는 진창의 깊이를 헤아리는 수직의 리듬, 오늘과 내일 그리고 어제를 펼쳤다가 접으며 빠져나오는 수평의 리듬을.

 김영미는 가끔 춤을 춘다. 친구들은 김영미의 그 춤을 '데리다 춤'이라고 부르는데 어떻게 하다가 그렇게 됐는지는 잘 모른다. 한때 우리가 같이 읽었던 책들 사이에 데리다가 자주 출몰했기 때문에 그런가 생각해보지만 정확하지는 않다. 데리다 춤을 추는 김영미를 볼 수 있으려면 흥을 놓치지 않도록 잘 지켜나가야 한다. 요즘엔 그런 걸 생각한다. 중간을 놓치지 않는 것.

 그래 어떻게 멀어진 생활인데

어떤 것도 얹을 수 없게 어깨를 시옷 자로 세우고 오도카니
앉아 흘러내린 말들이 어디를 향해 가는지 기억하고 말 거야

시야가 겹쳐지고 분철되는 지금의 시간을
내내 서로의 책을 불사르며

새벽의 버스정류장에 서로를 세워두고 우리가 흩어질 때//
한 번도 걸어본 적 없는 가로수들이 서로를 향해 포개질 때

우리가 어떻게 재가 되도록 서로의 입김 앞에서 흔들리는지

―「투과성」 중에서

책 읽는 모임을 끝내고 새벽에 집으로 돌아와 각자의

방문 앞에서 뒤를 돌아볼 때, 우리가 기시감을 느끼고 있다는 사실을 잊지 않고 싶다. 오래전 우리가 여자아이였던 그때부터 뒤를 돌아보고 있었다는 사실, 안이 밖이 되고 밖이 안이 되는 공간의 뒤섞임 속에 있었다는 사실을 떠올려본다. "겹쳐지고 분철되는" 시간의 리듬을 내내 겪고 있었다는 사실도. 김영미와 나는 중간에 만났고, 만날 때마다 중간일 거라고 말하면 김영미는 가다가 뒤를 돌아보겠지. "우리가 어떻게 재가 되도록 서로의 입김 앞에서 흔들리는지" 말하는 여자가 되어. 말하지 않으면서도 다 말하는 그만의 리듬으로.

아침달 시집 32
투명이 우리를 가려준다는 믿음

1판 1쇄 펴냄 2023년 7월 20일
1판 2쇄 펴냄 2024년 10월 1일

지은이 김영미
편집 서윤후, 송승언, 정채영, 이기리
디자인 정유경, 한유미

펴낸곳 아침달
펴낸이 손문경
출판등록 제2013-000289호
주소 04029 서울시 마포구 양화로7길 83, 5층
전화 02-3446-5238
팩스 02-3446-5208
전자우편 achimdalbooks@gmail.com

© 김영미, 2023
ISBN 979-11-89467-88-3 03810

값 12,000원

이 책은 2021년 대산문화재단 대산창작기금의 지원을 받아 발간되었습니다.

이 도서의 판권은 지은이와 출판사 아침달에게 있습니다.
양측의 서면 동의 없이 책 내용의 전부 혹은 일부의 재사용을 금합니다.